Wheels

Wheels on trucks,

wheels on trains,

wheels on bikes,

wheels on planes,

wheels on skates,

wheels on the ground —

7

all kinds of wheels
go round and round.

Ayudamos a la maestra

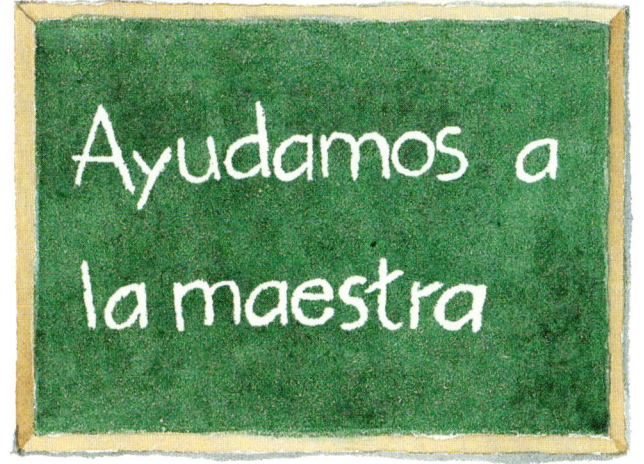

por Vivian Machado Cuesta
ilustrado por Morella Fuenmayor

Scott Foresman

Editorial Offices: Glenview, Illinois • New York, New York
Sales Offices: Reading, Massachusetts • Duluth, Georgia
Glenview, Illinois • Carrollton, Texas • Menlo Park, California

Rápido entramos al salón.
Ayudamos a la maestra.
Le damos muchas cosas.

Le doy la mochila a la maestra.
Mi amigo reparte los papeles.

Ella nos enseña a escribir.
Nos gusta aprender a escribir.

Le doy la tiza a la maestra.
Mi amigo reparte los creyones.

Ella nos enseña a dibujar.
Nos gusta aprender a dibujar.

Le doy el globo a la maestra.
Mi amigo reparte los cubos.

7

Ella nos hace un pingüino.
Nos gusta mucho el pingüino.

sobrecama

abrelatas

sacapuntas

parasol

Le doy el sacapuntas.
Mi amigo reparte los lápices.

Nos enseña a usar el sacapuntas.
Nos gusta el nuevo sacapuntas.

Le doy la tarjeta a la maestra.
Mi amigo reparte los contadores.

Nos enseña a contar.
Nos gusta aprender a contar.

sobrecama
abrelatas
sacapuntas
parasol

Yo pongo libros en la mochila.
Mi amigo recoge los contadores.

Ayudamos a recoger el salón.
Nos gusta ayudar a la maestra.

abras compuestas
brecama
abrelatas
puntas
parasol

15

Nos despedimos de la maestra.
La queremos mucho.